Mrs & Mrs

WEDDING PLANNER

The Joining of Two Hearts

&

_____   _____

Date

_____

Venue

_____

Initial Planning Phase

IDEAS FOR THEME

IDEAS FOR VENUE

IDEAS FOR COLORS

IDEAS FOR MUSIC

IDEAS FOR RECEPTION

OTHER IDEAS

Notes:

Initial Planning Phase

TOP PRIORITIES *(must haves!)*	OPTIONAL *(not necessary, but would be cool to have)*

Overall Expenses Estimates

Item	Ideal Budget	Maximum Budget

Vendors Contact Info

Wedding Planner

Name .... Phone ....

Email .... Location ....

Website ....

Ceremony Venue

Name .... Phone ....

Email .... Location ....

Website ....

Officiant

Name .... Phone ....

Email .... Location ....

Website ....

Reception Venue

Name .... Phone ....

Email .... Location ....

Website ....

Caterer

Name .... Phone ....

Email .... Location ....

Website ....

Photographer

Name .... Phone ....

Email .... Location ....

Website ....

Videographer

Name .... Phone ....

Email .... Location ....

Website ....

Florist

Name .... Phone ....

Email .... Location ....

Website ....

Vendors Contact Info

Name ....   Phone ....

Email ....   Location ....

Website ....

Name ....   Phone ....

Email ....   Location ....

Website ....

Name ....   Phone ....

Email ....   Location ....

Website ....

Name ....   Phone ....

Email ....   Location ....

Website ....

Name ....   Phone ....

Email ....   Location ....

Website ....

Name ....   Phone ....

Email ....   Location ....

Website ....

Name ....   Phone ....

Email ....   Location ....

Website ....

Name ....   Phone ....

Email ....   Location ....

Website ....

Wedding Checklist
12 Months Before

Month 1

Month 2

Month 3

Month 4

Month 5

Month 6

Wedding Checklist
12 Months Before

Month 7

Month 8

Month 9

Month 10

Month 11

Month 12

Wedding Budget Planner

Item	Cost	Deposit	Balance

Notes:

Wedding Budget Planner

Item	Cost	Deposit	Balance

Notes:

Expense Snapshot
Wedding Attire, Invitations, Etc

Details	Budget	Cost	Deposit	Balance	Due Date

Notes:

Expense Snapshot
Ceremony Expense Tracker

Details	Budget	Cost	Deposit	Balance	Due Date
Officiant Gratuity					
Marriage License					
Venue Cost					
Flowers					
Decorations					

Notes:

Expense Snapshot
Reception Expense Tracker

Details	Budget	Cost	Deposit	Balance	Due Date
Venue Fee					
Catering					
Bar / Beverages					
Cake / Cutting Fee					

Notes:

Expense Snapshot
Other Expenses

Details	Budget	Cost	Deposit	Balance	Due Date

Notes:

Bride's Planner

DRESS FITTING APPOINTMENTS

Boutique	Date	Time	Address

Notes:

HAIR & MAKE UP APPOINTMENTS

Salon	Date	Time	Address

Notes:

MANICURE & PEDICURE APPOINTMENTS

Salon	Date	Time	Address

Notes:

Bride's Planner

DRESS FITTING APPOINTMENTS

Boutique	Date	Time	Address

Notes:

HAIR & MAKE UP APPOINTMENTS

Salon	Date	Time	Address

Notes:

MANICURE & PEDICURE APPOINTMENTS

Salon	Date	Time	Address

Notes:

Monthly Timeline

Monday	Tuesday	Wednesday	Thursday

Month of: _____

Friday	Saturday	Sunday	Notes

Weekly To-Do List

Week of: _____

MONDAY

TUESDAY

WEDNESDAY

THURSDAY

FRIDAY

SATURDAY

SUNDAY

○ _____
○ _____
○ _____
○ _____
○ _____
○ _____
○ _____
○ _____
○ _____
○ _____
○ _____
○ _____
○ _____
○ _____
○ _____
○ _____
○ _____

Notes:

Weekly To-Do List

Week of: _____

MONDAY

TUESDAY

WEDNESDAY

THURSDAY

FRIDAY

SATURDAY

SUNDAY

○ _____
○ _____
○ _____
○ _____
○ _____
○ _____
○ _____
○ _____
○ _____
○ _____
○ _____
○ _____
○ _____
○ _____
○ _____
○ _____

Notes:

Weekly To-Do List

Week of: _____

MONDAY

TUESDAY

WEDNESDAY

THURSDAY

FRIDAY

SATURDAY

SUNDAY

○ _____
○ _____
○ _____
○ _____
○ _____
○ _____
○ _____
○ _____
○ _____
○ _____
○ _____
○ _____
○ _____
○ _____
○ _____
○ _____
○ _____

Notes:

Weekly To-Do List

Week of: _____

MONDAY

TUESDAY

WEDNESDAY

THURSDAY

FRIDAY

SATURDAY

SUNDAY

- ○ _____
- ○ _____
- ○ _____
- ○ _____
- ○ _____
- ○ _____
- ○ _____
- ○ _____
- ○ _____
- ○ _____
- ○ _____
- ○ _____
- ○ _____
- ○ _____
- ○ _____
- ○ _____

Notes:

Monthly Timeline

Monday	Tuesday	Wednesday	Thursday

Month of: _____

Friday	Saturday	Sunday	Notes

Weekly To-Do List

Week of: _____

MONDAY

TUESDAY

WEDNESDAY

THURSDAY

FRIDAY

SATURDAY

SUNDAY

○ _____
○ _____
○ _____
○ _____
○ _____
○ _____
○ _____
○ _____
○ _____
○ _____
○ _____
○ _____
○ _____
○ _____
○ _____
○ _____
○ _____

Notes:

Weekly To-Do List

Week of: _____

MONDAY

TUESDAY

WEDNESDAY

THURSDAY

FRIDAY

SATURDAY

SUNDAY

○ _____

○ _____

○ _____

○ _____

○ _____

○ _____

○ _____

○ _____

○ _____

○ _____

○ _____

○ _____

○ _____

○ _____

○ _____

○ _____

Notes:

Weekly To-Do List

Week of: _____

MONDAY

TUESDAY

WEDNESDAY

THURSDAY

FRIDAY

SATURDAY

SUNDAY

○ _____

○ _____

○ _____

○ _____

○ _____

○ _____

○ _____

○ _____

○ _____

○ _____

○ _____

○ _____

○ _____

○ _____

○ _____

○ _____

Notes:

Weekly To-Do List

Week of: _____

MONDAY

TUESDAY

WEDNESDAY

THURSDAY

FRIDAY

SATURDAY

SUNDAY

○ _____

○ _____

○ _____

○ _____

○ _____

○ _____

○ _____

○ _____

○ _____

○ _____

○ _____

○ _____

○ _____

○ _____

○ _____

○ _____

Notes:

Monthly Timeline

Monday	Tuesday	Wednesday	Thursday

Month of: _____

Friday	Saturday	Sunday	Notes

Weekly To-Do List

Week of: _____

MONDAY

TUESDAY

WEDNESDAY

THURSDAY

FRIDAY

SATURDAY

SUNDAY

○ _____
○ _____
○ _____
○ _____
○ _____
○ _____
○ _____
○ _____
○ _____
○ _____
○ _____
○ _____
○ _____
○ _____
○ _____
○ _____

Notes:

Weekly To-Do List

Week of: _____

MONDAY

TUESDAY

WEDNESDAY

THURSDAY

FRIDAY

SATURDAY

SUNDAY

- ○ _____
- ○ _____
- ○ _____
- ○ _____
- ○ _____
- ○ _____
- ○ _____
- ○ _____
- ○ _____
- ○ _____
- ○ _____
- ○ _____
- ○ _____
- ○ _____
- ○ _____
- ○ _____
- ○ _____

Notes:

Weekly To-Do List

Week of: _____

MONDAY

TUESDAY

WEDNESDAY

THURSDAY

FRIDAY

SATURDAY

SUNDAY

○ _____
○ _____
○ _____
○ _____
○ _____
○ _____
○ _____
○ _____
○ _____
○ _____
○ _____
○ _____
○ _____
○ _____
○ _____
○ _____
○ _____

Notes:

Weekly To-Do List

Week of: _____

MONDAY

TUESDAY

WEDNESDAY

THURSDAY

FRIDAY

SATURDAY

SUNDAY

○ _____
○ _____
○ _____
○ _____
○ _____
○ _____
○ _____
○ _____
○ _____
○ _____
○ _____
○ _____
○ _____
○ _____
○ _____
○ _____
○ _____

Notes:

Monthly Timeline

Monday	Tuesday	Wednesday	Thursday

Month of: _____

Friday	Saturday	Sunday	Notes

Weekly To-Do List

Week of: _____

MONDAY

TUESDAY

WEDNESDAY

THURSDAY

FRIDAY

SATURDAY

SUNDAY

○ _____
○ _____
○ _____
○ _____
○ _____
○ _____
○ _____
○ _____
○ _____
○ _____
○ _____
○ _____
○ _____
○ _____
○ _____
○ _____
○ _____

Notes:

Weekly To-Do List

Week of: _____

MONDAY

TUESDAY

WEDNESDAY

THURSDAY

FRIDAY

SATURDAY

SUNDAY

- ○ _____
- ○ _____
- ○ _____
- ○ _____
- ○ _____
- ○ _____
- ○ _____
- ○ _____
- ○ _____
- ○ _____
- ○ _____
- ○ _____
- ○ _____
- ○ _____
- ○ _____
- ○ _____
- ○ _____

Notes:

Weekly To-Do List

Week of: _____

MONDAY

TUESDAY

WEDNESDAY

THURSDAY

FRIDAY

SATURDAY

SUNDAY

○ _____
○ _____
○ _____
○ _____
○ _____
○ _____
○ _____
○ _____
○ _____
○ _____
○ _____
○ _____
○ _____
○ _____
○ _____
○ _____

Notes:

Weekly To-Do List

Week of: _____

MONDAY

TUESDAY

WEDNESDAY

THURSDAY

FRIDAY

SATURDAY

SUNDAY

○ _____
○ _____
○ _____
○ _____
○ _____
○ _____
○ _____
○ _____
○ _____
○ _____
○ _____
○ _____
○ _____
○ _____
○ _____
○ _____

Notes:

Monthly Timeline

Monday	Tuesday	Wednesday	Thursday

Month of: _____

Friday	Saturday	Sunday	Notes

Weekly To-Do List

Week of: _____

MONDAY

TUESDAY

WEDNESDAY

THURSDAY

FRIDAY

SATURDAY

SUNDAY

○ _____
○ _____
○ _____
○ _____
○ _____
○ _____
○ _____
○ _____
○ _____
○ _____
○ _____
○ _____
○ _____
○ _____
○ _____
○ _____

Notes:

Weekly To-Do List

Week of: _____

MONDAY

TUESDAY

WEDNESDAY

THURSDAY

FRIDAY

SATURDAY

SUNDAY

○ _____
○ _____
○ _____
○ _____
○ _____
○ _____
○ _____
○ _____
○ _____
○ _____
○ _____
○ _____
○ _____
○ _____
○ _____
○ _____

Notes:

Weekly To-Do List

Week of: _____

MONDAY

TUESDAY

WEDNESDAY

THURSDAY

FRIDAY

SATURDAY

SUNDAY

○ _____
○ _____
○ _____
○ _____
○ _____
○ _____
○ _____
○ _____
○ _____
○ _____
○ _____
○ _____
○ _____
○ _____
○ _____
○ _____

Notes:

Weekly To-Do List

Week of: _____

MONDAY

TUESDAY

WEDNESDAY

THURSDAY

FRIDAY

SATURDAY

SUNDAY

○ _____
○ _____
○ _____
○ _____
○ _____
○ _____
○ _____
○ _____
○ _____
○ _____
○ _____
○ _____
○ _____
○ _____
○ _____
○ _____

Notes:

Monthly Timeline

Monday	Tuesday	Wednesday	Thursday

Month of: _____

Friday	Saturday	Sunday	Notes

Weekly To-Do List

Week of: _____

MONDAY

TUESDAY

WEDNESDAY

THURSDAY

FRIDAY

SATURDAY

SUNDAY

○ _____
○ _____
○ _____
○ _____
○ _____
○ _____
○ _____
○ _____
○ _____
○ _____
○ _____
○ _____
○ _____
○ _____
○ _____
○ _____
○ _____

Notes:

Weekly To-Do List

Week of: _____

MONDAY

TUESDAY

WEDNESDAY

THURSDAY

FRIDAY

SATURDAY

SUNDAY

○ _____
○ _____
○ _____
○ _____
○ _____
○ _____
○ _____
○ _____
○ _____
○ _____
○ _____
○ _____
○ _____
○ _____
○ _____
○ _____
○ _____

Notes:

Weekly To-Do List

Week of: _____

MONDAY

TUESDAY

WEDNESDAY

THURSDAY

FRIDAY

SATURDAY

SUNDAY

○ _____
○ _____
○ _____
○ _____
○ _____
○ _____
○ _____
○ _____
○ _____
○ _____
○ _____
○ _____
○ _____
○ _____
○ _____
○ _____
○ _____

Notes:

Weekly To-Do List

Week of: _____

MONDAY

○ _____

○ _____

○ _____

TUESDAY

○ _____

○ _____

○ _____

WEDNESDAY

○ _____

○ _____

○ _____

THURSDAY

○ _____

○ _____

○ _____

FRIDAY

○ _____

○ _____

○ _____

SATURDAY

○ _____

○ _____

○ _____

SUNDAY

Notes:

Monthly Timeline

Monday	Tuesday	Wednesday	Thursday

Month of: _____

Friday	Saturday	Sunday	Notes

Weekly To-Do List

Week of: _____

MONDAY

TUESDAY

WEDNESDAY

THURSDAY

FRIDAY

SATURDAY

SUNDAY

○ _____
○ _____
○ _____
○ _____
○ _____
○ _____
○ _____
○ _____
○ _____
○ _____
○ _____
○ _____
○ _____
○ _____
○ _____
○ _____
○ _____

Notes:

Weekly To-Do List

Week of: _____

MONDAY

TUESDAY

WEDNESDAY

THURSDAY

FRIDAY

SATURDAY

SUNDAY

○ _____
○ _____
○ _____
○ _____
○ _____
○ _____
○ _____
○ _____
○ _____
○ _____
○ _____
○ _____
○ _____
○ _____
○ _____
○ _____
○ _____
○ _____

Notes:

Weekly To-Do List

Week of: _____

MONDAY

TUESDAY

WEDNESDAY

THURSDAY

FRIDAY

SATURDAY

SUNDAY

○ _____
○ _____
○ _____
○ _____
○ _____
○ _____
○ _____
○ _____
○ _____
○ _____
○ _____
○ _____
○ _____
○ _____
○ _____
○ _____

Notes:

Weekly To-Do List

Week of: _____

MONDAY

TUESDAY

WEDNESDAY

THURSDAY

FRIDAY

SATURDAY

SUNDAY

○ _____
○ _____
○ _____
○ _____
○ _____
○ _____
○ _____
○ _____
○ _____
○ _____
○ _____
○ _____
○ _____
○ _____
○ _____
○ _____
○ _____

Notes:

Monthly Timeline

Monday	Tuesday	Wednesday	Thursday

Month of: _____

Friday	Saturday	Sunday	Notes

Weekly To-Do List

Week of: _____

MONDAY

TUESDAY

WEDNESDAY

THURSDAY

FRIDAY

SATURDAY

SUNDAY

○ _____
○ _____
○ _____
○ _____
○ _____
○ _____
○ _____
○ _____
○ _____
○ _____
○ _____
○ _____
○ _____
○ _____
○ _____
○ _____
○ _____

Notes:

Weekly To-Do List

Week of: _____

MONDAY

TUESDAY

WEDNESDAY

THURSDAY

FRIDAY

SATURDAY

SUNDAY

○ _____
○ _____
○ _____
○ _____
○ _____
○ _____
○ _____
○ _____
○ _____
○ _____
○ _____
○ _____
○ _____
○ _____
○ _____
○ _____
○ _____

Notes:

Weekly To-Do List

Week of: _____

MONDAY

○ _____

○ _____

○ _____

TUESDAY

○ _____

○ _____

○ _____

WEDNESDAY

○ _____

○ _____

○ _____

THURSDAY

○ _____

○ _____

○ _____

FRIDAY

○ _____

○ _____

○ _____

SATURDAY

○ _____

○ _____

SUNDAY

Notes:

Weekly To-Do List

Week of: _____

MONDAY

TUESDAY

WEDNESDAY

THURSDAY

FRIDAY

SATURDAY

SUNDAY

- ○ _____
- ○ _____
- ○ _____
- ○ _____
- ○ _____
- ○ _____
- ○ _____
- ○ _____
- ○ _____
- ○ _____
- ○ _____
- ○ _____
- ○ _____
- ○ _____
- ○ _____
- ○ _____
- ○ _____
- ○ _____

Notes:

Monthly Timeline

Monday	Tuesday	Wednesday	Thursday

Month of: _____

Friday	Saturday	Sunday	Notes

Weekly To-Do List

Week of: _____

MONDAY

TUESDAY

WEDNESDAY

THURSDAY

FRIDAY

SATURDAY

SUNDAY

○ _____
○ _____
○ _____
○ _____
○ _____
○ _____
○ _____
○ _____
○ _____
○ _____
○ _____
○ _____
○ _____
○ _____
○ _____
○ _____
○ _____

Notes:

Weekly To-Do List

Week of: _____

MONDAY

TUESDAY

WEDNESDAY

THURSDAY

FRIDAY

SATURDAY

SUNDAY

○ _____
○ _____
○ _____
○ _____
○ _____
○ _____
○ _____
○ _____
○ _____
○ _____
○ _____
○ _____
○ _____
○ _____
○ _____
○ _____
○ _____
○ _____

Notes:

Weekly To-Do List

Week of: _____

MONDAY

TUESDAY

WEDNESDAY

THURSDAY

FRIDAY

SATURDAY

SUNDAY

○ _____
○ _____
○ _____
○ _____
○ _____
○ _____
○ _____
○ _____
○ _____
○ _____
○ _____
○ _____
○ _____
○ _____
○ _____
○ _____

Notes:

Weekly To-Do List

Week of: _____

MONDAY

TUESDAY

WEDNESDAY

THURSDAY

FRIDAY

SATURDAY

SUNDAY

○ _____

○ _____

○ _____

○ _____

○ _____

○ _____

○ _____

○ _____

○ _____

○ _____

○ _____

○ _____

○ _____

○ _____

○ _____

○ _____

○ _____

Notes:

Monthly Timeline

Monday	Tuesday	Wednesday	Thursday

Month of: _____

Friday	Saturday	Sunday	Notes

Weekly To-Do List

Week of: _____

MONDAY

TUESDAY

WEDNESDAY

THURSDAY

FRIDAY

SATURDAY

SUNDAY

○ _____
○ _____
○ _____
○ _____
○ _____
○ _____
○ _____
○ _____
○ _____
○ _____
○ _____
○ _____
○ _____
○ _____
○ _____
○ _____
○ _____

Notes:

Weekly To-Do List

Week of: _____

MONDAY

TUESDAY

WEDNESDAY

THURSDAY

FRIDAY

SATURDAY

SUNDAY

○ _____
○ _____
○ _____
○ _____
○ _____
○ _____
○ _____
○ _____
○ _____
○ _____
○ _____
○ _____
○ _____
○ _____
○ _____
○ _____
○ _____

Notes:

Weekly To-Do List

Week of: _____

MONDAY

TUESDAY

WEDNESDAY

THURSDAY

FRIDAY

SATURDAY

SUNDAY

○ _____
○ _____
○ _____
○ _____
○ _____
○ _____
○ _____
○ _____
○ _____
○ _____
○ _____
○ _____
○ _____
○ _____
○ _____
○ _____
○ _____

Notes:

Weekly To-Do List

Week of: _____

MONDAY

TUESDAY

WEDNESDAY

THURSDAY

FRIDAY

SATURDAY

SUNDAY

○ _____
○ _____
○ _____
○ _____
○ _____
○ _____
○ _____
○ _____
○ _____
○ _____
○ _____
○ _____
○ _____
○ _____
○ _____
○ _____
○ _____

Notes:

Monthly Timeline

Monday	Tuesday	Wednesday	Thursday

Month of: _____

Friday	Saturday	Sunday	Notes

Weekly To-Do List

Week of: _____

MONDAY

TUESDAY

WEDNESDAY

THURSDAY

FRIDAY

SATURDAY

SUNDAY

○ _____
○ _____
○ _____
○ _____
○ _____
○ _____
○ _____
○ _____
○ _____
○ _____
○ _____
○ _____
○ _____
○ _____
○ _____
○ _____
○ _____

Notes:

Weekly To-Do List

Week of: _____

MONDAY

TUESDAY

WEDNESDAY

THURSDAY

FRIDAY

SATURDAY

SUNDAY

○ _____
○ _____
○ _____
○ _____
○ _____
○ _____
○ _____
○ _____
○ _____
○ _____
○ _____
○ _____
○ _____
○ _____
○ _____
○ _____
○ _____

Notes:

Weekly To-Do List

Week of: _____

MONDAY

TUESDAY

WEDNESDAY

THURSDAY

FRIDAY

SATURDAY

SUNDAY

○ _____
○ _____
○ _____
○ _____
○ _____
○ _____
○ _____
○ _____
○ _____
○ _____
○ _____
○ _____
○ _____
○ _____
○ _____

Notes:

Weekly To-Do List

Week of: _____

MONDAY

TUESDAY

WEDNESDAY

THURSDAY

FRIDAY

SATURDAY

SUNDAY

- ○ _____
- ○ _____
- ○ _____
- ○ _____
- ○ _____
- ○ _____
- ○ _____
- ○ _____
- ○ _____
- ○ _____
- ○ _____
- ○ _____
- ○ _____
- ○ _____
- ○ _____
- ○ _____
- ○ _____

Notes:

Monthly Timeline

Monday	Tuesday	Wednesday	Thursday

Month of: _____

Friday	Saturday	Sunday	Notes

Weekly To-Do List

Week of: _____

MONDAY

TUESDAY

WEDNESDAY

THURSDAY

FRIDAY

SATURDAY

SUNDAY

○ _____
○ _____
○ _____
○ _____
○ _____
○ _____
○ _____
○ _____
○ _____
○ _____
○ _____
○ _____
○ _____
○ _____
○ _____
○ _____
○ _____

Notes:

Weekly To-Do List

Week of: _____

MONDAY

TUESDAY

WEDNESDAY

THURSDAY

FRIDAY

SATURDAY

SUNDAY

○ _____

○ _____

○ _____

○ _____

○ _____

○ _____

○ _____

○ _____

○ _____

○ _____

○ _____

○ _____

○ _____

○ _____

○ _____

○ _____

○ _____

Notes:

Weekly To-Do List

Week of: _____

MONDAY

TUESDAY

WEDNESDAY

THURSDAY

FRIDAY

SATURDAY

SUNDAY

- ○ _____
- ○ _____
- ○ _____
- ○ _____
- ○ _____
- ○ _____
- ○ _____
- ○ _____
- ○ _____
- ○ _____
- ○ _____
- ○ _____
- ○ _____
- ○ _____
- ○ _____
- ○ _____
- ○ _____

Notes:

Weekly To-Do List

Week of: _____

MONDAY

TUESDAY

WEDNESDAY

THURSDAY

FRIDAY

SATURDAY

SUNDAY

○ _____
○ _____
○ _____
○ _____
○ _____
○ _____
○ _____
○ _____
○ _____
○ _____
○ _____
○ _____
○ _____
○ _____
○ _____
○ _____
○ _____

Notes:

Monthly Timeline

Monday	Tuesday	Wednesday	Thursday

Month of: _____

Friday	Saturday	Sunday	Notes

Weekly To-Do List

Week of: _____

MONDAY

TUESDAY

WEDNESDAY

THURSDAY

FRIDAY

SATURDAY

SUNDAY

○ _____
○ _____
○ _____
○ _____
○ _____
○ _____
○ _____
○ _____
○ _____
○ _____
○ _____
○ _____
○ _____
○ _____
○ _____
○ _____
○ _____

Notes:

Weekly To-Do List

Week of: _____

MONDAY

TUESDAY

WEDNESDAY

THURSDAY

FRIDAY

SATURDAY

SUNDAY

○ _____
○ _____
○ _____
○ _____
○ _____
○ _____
○ _____
○ _____
○ _____
○ _____
○ _____
○ _____
○ _____
○ _____
○ _____
○ _____
○ _____

Notes:

Weekly To-Do List

Week of: _____

MONDAY

TUESDAY

WEDNESDAY

THURSDAY

FRIDAY

SATURDAY

SUNDAY

○ _____
○ _____
○ _____
○ _____
○ _____
○ _____
○ _____
○ _____
○ _____
○ _____
○ _____
○ _____
○ _____
○ _____
○ _____
○ _____
○ _____

Notes:

Weekly To-Do List

Week of: _____

MONDAY

TUESDAY

WEDNESDAY

THURSDAY

FRIDAY

SATURDAY

SUNDAY

○ _____
○ _____
○ _____
○ _____
○ _____
○ _____
○ _____
○ _____
○ _____
○ _____
○ _____
○ _____
○ _____
○ _____
○ _____
○ _____

Notes:

Guest List

Name	Pax	Phone	Email	RSVP?

Guest List

Name	Pax	Phone	Email	RSVP?

Guest List

Name	Pax	Phone	Email	RSVP?

Guest List

Name	Pax	Phone	Email	RSVP?

Seating Planner

Seating Planner

Seating Planner

Seating Planner

Gift Registry Checklist

Item	Shop / Website

Gift Registry Checklist

Item	Shop / Website

On-the-Day Checklist

○ _____
○ _____
○ _____
○ _____
○ _____
○ _____
○ _____
○ _____
○ _____
○ _____
○ _____
○ _____
○ _____
○ _____

○ _____
○ _____
○ _____
○ _____
○ _____
○ _____
○ _____
○ _____
○ _____
○ _____
○ _____
○ _____
○ _____
○ _____

Once in a while, right in the middle of an ordinary life...
love gives us a fairytale.

Relax and enjoy your special day!

Our Honeymoon

Destination ....

Start Date .... Flight ....

Return Date .... Flight ....

Accomodation .... Phone ....

Transportation .... Phone ....

Booking Reference # .... Price ....

ITINERARY

Activity	Date / Time	Notes

Notes

Notes

Notes

Printed in Great Britain
by Amazon